Christmas, 2008

Much love,
Grandma M.

What Grandchildren Do

What Grandchildren Do

by Glenn Dromgoole

WILLOW CREEK PRESS

© 2007 Glenn Dromgoole

All rights reserved. No part of this book may be reproduced or transmitted in any form by any means, electronic or mechanical, including photocopying, recording, or by any information storage and retrieval system, without written permission from the Publisher.

Editor/Design: Andrea Donner

Published by Willow Creek Press, P.O. Box 147, Minocqua, Wisconsin 54548

PHOTO CREDITS: (all credits are listed starting with the upper left image moving clockwise around the page)

Page 2 © Powerstock/SuperStock; © age fotostock/SuperStock; © age fotostock/SuperStock; **Page 6** © age fotostock/SuperStock; **Page 9** © Shutterstock.com/Christina Richards; © Kwame Zikomo/SuperStock; © Dusty Rose Kenney; **Page 10** © Lisette Le Bon/SuperStock; © iStockphoto.com/Juan Monino; © Mauritius/SuperStock; **Page 13** © Dusty Rose Kenney; © iStockphoto.com/Viktor Kitaykin; © SuperStock, Inc.; **Page 14** © Stock Image/SuperStock; **Page 17** © Barbara Peacock; © age fotostock/SuperStock; © Dusty Rose Kenney; **Page 18** © age fotostock/SuperStock; **Page 21** © SuperStock, Inc.; © age fotostock/SuperStock; © iStockphoto.com/David Crowther; **Page 22** © Lisette Le Bon/SuperStock; © iStockphoto.com/Jake Holmes; **Page 25** © iStockphoto.com; © iStockphoto.com/aldegonde le compte; **Page 26** © Ron Dahlquist/SuperStock; © Lisette Le Bon/SuperStock; Shutterstock.com/Junial Enterprises; **Page 29** © Alexander Benz/SuperStock; **Page 30** © iStockphoto.com/Carmen Martinez Banus; © age fotostock/SuperStock; © age fotostock/SuperStock; **Page 33** © age fotostock/SuperStock; © SuperStock, Inc.; © Dusty Rose Kenney; **Page 34** © The Copyright Group/SuperStock; **Page 37** © age fotostock/SuperStock; © iStockphoto.com/Wouter van Caspel; © age fotostock/SuperStock; **Page 38** © age fotostock/SuperStock; **Page 41** © iStockphoto.com/Thomas Shortell; © Shutterstock.com/Maureen Rigdon; age fotostock/SuperStock; **Page 42** © Lisette Le Bon/SuperStock; **Page 45** © iStockphoto.com/Studio One; © Wolfgang Kunz/Bilderberg/Peter Arnold, Inc.; © Shutterstock.com/David Huntley; **Page 46** © age fotostock/SuperStock; © Claudia Schiffner/Bilderberg/Peter Arnold, Inc.; © iStockphoto.com/Mikael Damkiev; **Page 49** © Florian Franke/SuperStock; **Page 50** © Barbara Peacock; **Page 53** © Barbara Peacock; © Barbara Peacock; © François Gilson/Peter Arnold, Inc.; **Page 54** © iStockphoto.com/Claudia Wey; © iStockphoto.com/Gary Sludden; © Berthold Steinhilber/Bilderberg/Peter Arnold, Inc.; **Page 57** © Tippz/SuperStock; **Page 58** © age fotostock/SuperStock; © age fotostock/SuperStock; © Mauritius/SuperStock; **Page 61** © Shutterstock.com/absolut; **Page 62** © Helga Lade GmbH/Peter Arnold, Inc.; © age fotostock/SuperStock; © iStockphoto.com; **Page 65** © age fotostock/SuperStock; **Page 66** © Dusty Rose Kenney; © age fotostock/SuperStock; **Page 69** © Hill Creek Pictures/SuperStock; © iStockphoto.com; **Page 70** © Barbara Peacock; © age fotostock/SuperStock; © Shutterstock.com/Gary Sludden; **Page 73** © Barbara Peacock; © George Glod/SuperStock; © age fotostock/SuperStock; **Page 74** © Patrick Frischknecht/Peter Arnold, Inc.; **Page 77** © Barbara Peacock; **Page 78** © Paul Kuroda/SuperStock; © Barbara Peacock; © Shutterstock.com/Junial Enterprises; **Page 81** © Dusty Rose Kenney; © Shutterstock.com/Rene Jansa; © SuperStock, Inc.; **Page 82** © age fotostock/SuperStock; © Shutterstock.com/Renata Osinska; © iStockphoto.com/Maartje van Caspel; **Page 85** © Dusty Rose Kenney; **Page 86** © Barbara Peacock; **Page 89** © age fotostock/SuperStock; **Page 90** © Anton Vengo/SuperStock; © Dusty Rose Kenney; © Zarember Preferred/SuperStock; **Page 93** © age fotostock/SuperStock; **Page 94** © Powerstock/SuperStock

The work of photographer Dusty Rose Kenney can be viewed at www.thedustyimage.com
The work of photographer Barbara Peacock can be viewed at www.barbarapeacock.com

Printed in Canada

For Brian, Drew and Beri

Grandchildren...

They make us laugh

They love our cooking

They hold our hands

They listen to our stories

They laugh at our jokes

They give us hope

They make us proud

They keep us young

They come to visit

They go back home

They like our songs

They tell goofy tales

They draw us pictures

They show us their favorite things

They enjoy our company

They squeal with delight

They learn from us

They teach us

They lift our spirits

They take us for walks

They like to wear hats

They tell corny jokes

They like us as we are

They seek our counsel

They renew our faith

They know how to have fun

They love to go on adventures

They want to read books

They smile for the camera

They cheer us up

They enjoy eating ice cream

They feed our dreams

They keep us on our toes

They remind us of the past

They make funny faces

They go to sleep

They share their toys

They think we can do anything

They surprise us

They challenge us

They give us something to talk about

They call us on the phone

They write us letters

They shower us with sweet kisses

They remind us to play more

They remind us to sleep more

They go fishing with us

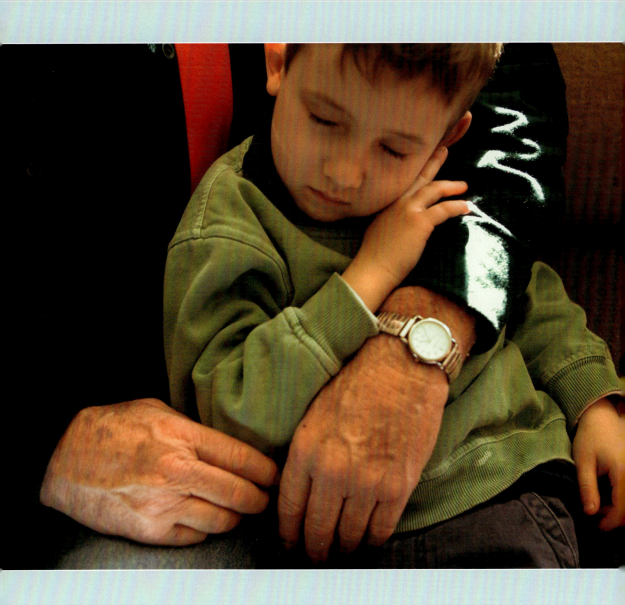

They cuddle with us

They love animals

They take adorable pictures

They find wonder in everything

They comfort us

They bring us great joy

They revive our souls

They rescue us from boredom

They ham it up

They make up games

They awaken our senses

They grow up

They show off

They give us special presents

They have so much energy

They wear us out

They extend the family tree

They make family reunions fun

They brighten our corner of the world

They connect the past and the future

They have so much to live for

They go places with us

They give us reason to brag

They make us happy

They look forward to seeing us

They cry when we leave

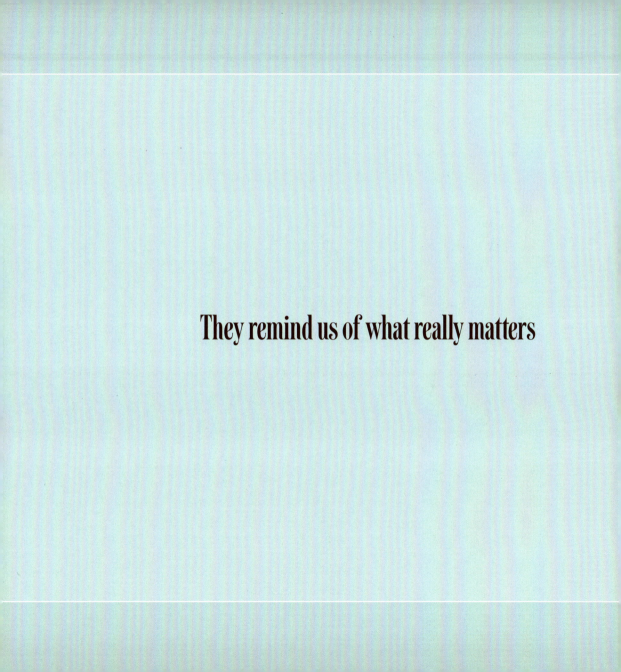

They never cease to amaze us

They play in the tub

They delight us

They welcome a new day

They enjoy snow

They splash in puddles

They bundle up

They tell us their age

They blow out the candles

They whisper their secrets

They say what they mean

They mean what they say

They act silly

They sit in our laps

They touch our hearts

They believe we're special

They make us special

They know we love them

Glenn Dromgoole is author of 19 books, including the best-selling *What Dogs Teach Us, What Cats Teach Us,* and *What Horses Teach Us.* A proud grandfather, he lives in Abilene, Texas.